JN410047

상처를 꿰매다

이 도서의 국립중앙도서관 출판예정도서목록(CIP)은 서지정보유통지원시스템 홈페이지(http://seoji.nl.go.kr)와 국가자료종합목록 구축시스템(http://kolis-net.nl.go.kr)에서 이용하실 수 있습니다.
(CIP제어번호 : CIP2020019624)

정경자 시집
상처를 꿰매다

인쇄 | 2020년 5월 25일
발행 | 2020년 5월 30일

글쓴이 | 정경자
펴낸이 | 장호병
펴낸곳 | 북랜드
06252 서울 강남구 강남대로 320, 황화빌딩 1108호
대표전화 (02)732-4574, (053)252-9114
팩시밀리 (02)734-4574, (053)252-9334
등록일 | 1999년 11월 11일
등록번호 | 제13-615호
홈페이지 | www.bookland.co.kr
이-메일 | bookland@hanmeil.net

책임편집 | 김인옥
교 열 | 배성숙 전은경

ISBN 978-89-7787-930-0 03810
ISBN 978-89-7787-931-7 05810(E-book)

값 10,000원

상처를 꿰매다

정경자 시집

북랜드

시인의 말

겁 없이 봄 화들짝 열던
벚꽃도

바람이 무심코 지나친다고 서운하다며
가시 돋쳐있던
장미도

떫다고 원망만 하던
망개도
시월엔 모두 고개 숙인다

함께 가다 보면
그저 그렇게 함께 익어간다

2020년 3월
정 경 자

차례

2 석이버섯

3 까치 조문

4 박제된 울음

1
종아리에 핀 꽃, 붉다

종이비행기

접힌 날개

뛰어내리기만 하면
바람 타고 높이 날아올라
고층빌딩의 탁자 위에
사뿐히 내려앉을 수 있을 거야

아래로 곤두박질이다
착각의 일백 번 공회전으로
귀밑 멀미약도 소용없이
동공이 확장되고 토악질하다
한꺼번에 내리꽂힌다

거듭 실패한 이력서를 들고
도서관에 앉아 비행기를 접는다
한 번은 꼭 날아보려고
층층 계단을 오르고 있다

진달래꽃

아들아!
아들아!
목놓아 부르는 소리
전쟁에 나가서 돌아오지 않는 아들아!

전사통지서 받고도 믿기지 않아
밤이면 등불 켜 들고
대문 앞에 서서 기다리다
이산 저산 헤매며 쓰러지는 모정

봄이면
피를 토한다
어무이!
나 여기 있소

어무이!

지상철

아이고 어머니
어이 그리 바쁘십니까
아직도 아드님 따님 집
못 찾았습니까

새벽부터 저녁 늦게까지
매일 왔다 갔다 하시며
명덕역 도착할 때면
끽~ 큰 한숨 내쉰다
아파트 이름을 잊으셨나요
아니면 집에 들어가지도 못하고
머리에 이고 또 짊어지고 간 반찬
현관에 놓고 오셨나요
다 먹지도 못할 것들
음식물 쓰레기도
저울에 달아 버려야 하는데……

어머니 타고 두류역에 내려
톺아보기 행사로 정채봉 문학관*에 갔다

이제는 수수껍데기가 된 나는
「엄마가 휴가를 나온다면」[**]에 젖어
어머니 타고 등 기대며 집에 왔다

* 정채봉 문학관 : 전남 순천 소재. 2010년 10월 개관

** 「엄마가 휴가를 나온다면」 : 정채봉의 시

종아리에 핀 꽃, 붉다

울음이
종아리에 맺힌
꽃, 붉다

눈물
매운 회초리
싸릿대에 불 밝혀

환한 길 열어 주시던
어머니

춘란

하얀 사기 기름접시
심지 돋우어
바느질하시려고
등잔불 붙이시는가

어머니

모기 화석

이젠 들킨 건가요
제발 깨우지 마세요

억만년인들 못 견디겠습니까
순장된 제 모습
여태 날개 파닥거리며
멀리 날아가는 꿈만 꾸고 있어요

어둠 속
갈수록 깊이 빠지기만 해
한 발짝도 움직일 수 없어요
이젠 그 자리 낙관으로 오롯이 박혀
더 발뺌할 수도
변명할 수도 없으니
세상 누구도 두렵지 않아요
차라리 날개 활짝 펴
밀화[*]로 피어나
누군가 가슴 떨리게 할

명품 속에서
멀리 날아오를 수 있다면……

* 밀화 : 호박의 일종. 노리개 등 장신구로 씀.

손목시계

수갑이다
스스로 채운

아침 6시에 깨어나
알람의 주문대로 하루 일과를 시작한다
시시각각 초침의 다그침에 눈치 살피는
충실한 종이 되어 있다

삼백육십도 쳇바퀴 돌리느라
분침은 부지런하게 잰걸음 치지만
긴 세월 동안 관절 연골이 마모되어
시침처럼 연자방아 돌리듯 느려진다

끝내 가쁜 내 숨결도
어느 날 멈춰지고 말면
시계도 나의 범주에서 벗어나고
나도 그의 쳇바퀴에서 벗어나
훨훨 날 수 있겠지

뒤주

젊은 날
식구들 먹을 곡식 채우시느라
세월의 냉 온기에 그을리어
대청마루 중앙에
백년이 넘게 지나도록
골동품으로 버티고 계시는

어머니

거꾸로 선다

꽃샘바람이 분다
심기 불편하던 날
아파트 효성타운이 상동교 아래
물속으로 뛰어들어 거꾸로 선다
열려 있던 창문들이 숨통이 트이는지
아가미가 벌렁 벌렁거린다
불빛 심하게 흔들리고
집집마다 짊어진 수백 가지 근심들이
신천으로 흘러간다

간혹 어깨 쑤시고
두통이 찔러댈 때면
상동교 교각에 몸을 묶어
나도 거꾸로 선다

만추

풍악 소리 울리며 벤 벼들
마당 한가운데 쌓아두었다가
두고두고 탈곡기 소리 내어
도리깨 장단 맞추어
걱정일랑 다 날려 보내고
짚으로 엮어 만든 빈 뒤주에
나락들 가득 채우고 나면
보기만 해도 배부르다

그래서 가을이다

조약돌

울산 정자 앞바다 돌섬 하나가
날 물끄러미 바라보다가
급하게 파도타기로 달려와
그동안 다 하지 못하고 묻어두었던 말
반가워 왈칵왈칵 토해낸 것 같았는데
그의 말에
얼른 알아듣지 못해 머뭇거리다가
날마다 그의 말에 귀가 닳아 반질반질해진
조약돌 가지고 와
책상 위 작은 소쿠리 속에 놓아두었다
꼭 다문 입 닦다가 방바닥에 떨어뜨렸더니
쿵 하는 비명과 함께
"보고 싶었다고 사랑한다고."
무딘 감성 비웃듯
이제야 그의 말 전해준다

진작 알고 있었지만
달려가서 넓은 가슴에 풍덩 안기지 못하고
내 서러움 다 털어놓고 울지 못하고

모르는 척 서로 먼 미소만 던질 뿐

내소사 단층

전나무 숲 외길 끝에
일주문 세워두고
늙은 보리수나무 위에
은장도 걸어두고

혼례 치른 지 삼일 만에
전쟁에게 빼앗긴 신랑
전사 통지서에 순장 당하는
새댁

새댁의 번뇌로
긴긴밤 해당화 꽃살문 새기는데
분단장도 지우게 했는가

애초부터 고운 단층은
꿈도 못 꾸게 했는가

하늘 산방*에서

깜깜한 적막이
서서히 나를 에워싸더니
손바닥만 한 별들이
머리 가까이 내려와
초봄 두릅 향기 싸~하게 풍기는 밤

저마다 동아줄 내려준다
어느 별로 갈까
고민 중이다

* 함양에 있는 펜션

안면도 해넘이

종일 신열 앓던 목구멍
뜨거워
거울 앞에서 입 쫘악 벌렸다
다시 확대했더니
편도선
빨갛게 부어올라 있다
하루 일이 얼마나 버거웠을까

침 삼키는 일 괴로워
혀끝
몇 번 파도치다가
흰 스티로폼 촘촘히 떠 있는 사이로
빠져나가는 썰물 힘겹게 삼킨다

저녁 하늘 그 고통 견디느라
입 쩌억 벌리고 서 있다
서쪽 붉은 해가 목젖에 걸렸다

목어

희미한 가로등 불빛 아래
다 팔지 못한 무시래기 좌판
채워도 채워도 채워지지 않는다
저녁마다 손 벌리는 주정뱅이
늙은 아들 앞에
목놓아 우는 어머니

야 이놈 자식아~

야 이놈 자식아~~

야 이놈 자식아~~~

야 이놈 자식아~~~~

상처를 꿰매다

순이와 속이 찢어지도록 싸웠다, 한번 찢어진 상처는 꿰매려 해도 자국을 남긴다 긴 시간이 지나가야 부드러워져 달고 약이 된다기에 변했던 된장도 옛 맛 돌이켜 보려고 푹 삶은 콩 부드럽게 짓이겨 꼭꼭 눌러 다져보지만 한번 등 돌린 정은 처음처럼 돌아오지 않는다 날이 갈수록 더 섭섭하기만 하다 다시 다정스럽던 옛 얼굴 떠올리며 노랗던 된장 속에 들어가 햇살과 바람의 얘기에 귀 기울여본다

2
석이버섯

호랑나비

남구 이천동 수도산 산책길에
호랑나비 한 마리
시들어가는 가을 풀잎을 잡고
온몸 파르르 떨고 있다

봄만 되면 처자식 버려두고
팔랑팔랑 거리 귀신 되어
이 꽃 저 꽃 찾아 날아다니더니
역마살 낀 아제의 임종 직전이다

마지막 빛 껴안아 보려다
잡았던 풀잎 힘없이 놓더니
맨땅에
뱅글뱅글 맴돌고 있다
아무도 거들떠보지 않는 죽음

끝내 객사했다는 ……

참 좋은 분

그분은 게이트볼 구장에서
자기 성향을 적나라하게 나타낸다
홍공 백공 편 갈라 게임 하다가
자기편이 진다 싶으면
눈썹 치켜올리고 눈꼬리 내려 째려보며
붉으락푸르락 잘 못하는 팀원에게
내뱉는 말, 말씀들
거침없이 공을 밖으로 쳐내는 우아함
자기 스틱도 내동댕이치고
게임 종료시키고
말끔하게 뒤집어 엎어버린다
본인이 잘 못할 땐 말이 없고
잘되면 히히히 하하하 웃음바다다
생파리 ×대가리다

어느 집 철없는 칠순의 초립둥이인가

물의 여행

형광등이 수없이 깜박거렸다
난처해하는 술 탓인지
천장이 빙글빙글 돌며 울렁거리더니
물 위에 둥둥 떠 어디로
자꾸 흘러가고 있다

사십대에 명퇴한 김 씨
쥐꼬리만 한 퇴직금으로
아내가 하는 구멍가게도 뒤로하고

카지노!
찬란한 불빛을 향해 힘차게 노 저었다
그래 이거다! 무릎을 탁 쳤다

역풍이 물비늘 치켜세우며 달려들 때
재빨리 샛강으로 빠져들어 갔다

늪!

누구 없소ㅡ

밤새 허우적거렸다

전신이 부서지는 듯하여

눈감고 꼼짝도 하지 않았다

우짜꼬

시집으로는 다섯 동서 중 둘째 형님
제사 때 모여 전을 구울 때
생선에 밀가루 묻히는 일 담당인 형님
코뿐 아니라 온 얼굴에 밀가루 범벅이 되어
한바탕 웃기신 이후엔 형님 얼굴만 보아도
폭소가 터졌다
오랜만에 웃어본 세월이 멀어지고
저세상에서도 웃음을 만들고 계실까

이제 같이 웃을 일 없어졌네
박장대소하며 같이 웃고 싶은데
우짜꼬*, 우짜꼬

* 우짜꼬 : 어찌할까

치자꽃

야, 이×아!
흰 투피스에 하얀 망사장갑 끼고
진한 향수 뿌리고
어딜 나가 돌아다녔나!

십여 년 해마다 익혀온 열매
새삼 제 씨가 왜 노란가
어느 놈 씨앗인가 하며
느닷없이 칼 들이대는 남편

숨어다니는 아내
찰거머리처럼 찾아 다녀
그 눈길 피해 이 식당 저 식당
주방을 전전하다
어디에도 갈 곳 없어
아파트 그늘진 나무 밑에
숨죽이고 있나 보다

너무 진한 향이
눈총 맞는가 보다

그것이 실수였다

지난봄
청도 다강산방에 차 마시러 갔다가
지천에 널려있는 돌나물 한주먹 떠와
베란다 화분에 심었다
긴 줄기에 노란 꽃도 주렁주렁 달았는데

어느 날 조그만 개신냉이가
은근슬쩍 발을 들여놓길래
눈칫밥 서러울까 다독여도 주었더니

객이 봉오리까지 달고 있기가 민망하다며
납작 엎드려 있길래
그래도 사리는 밝구나 했더니

이젠 제집인 양
돌나물은 어느새 보이지 않고
화분 하나를 개신냉이 혼자 독차지해
실한 꽃대 쑥 밀어 올리고

노란 깃발 펄럭이네

윗마을 동장님네 작은댁이
기세등등해 생글생글 웃고 있네

아저씨 누구시오

남편 일찍 작은댁에 빼앗기고
홀로 육남매 출가시킨 인촌댁
도우미와 살면서
안방 화초장에 이것저것 뒤지다가
지난날 즐겨 입던 옷
가위로 잘라 냉장고에
걸어두고 윗도리 벗고
가슴까지 다 내놓고 집 나갔다가
아파트 경비원이 데리고 왔단다

모처럼 오는 아들에게
아저씨 누구시오
중절모 쓴 우리 애들 아버지에게
날 데려다 주시오

살아갈수록 소나무껍질 갈라진 속을
가만히 앉아서 꿰맬 수도 없어
아예 남편 찾아 삼만리길 나서기로
마음먹었나 보다

나팔꽃

땅 딛는 것도 애처롭다며
늦은 귀갓길
대문 밖 발자국 소리에도
맨발로 뛰어나가
업고 들어오는 마누라

씨 할 잘난 남편 두고
감나무 끌어안고 월장했다더니
아니! 저런!

이 새벽
야산 중턱 싸리나무 끌어안고 있는
저기 저×은 누구?

봄비처럼

정형외과 3등실 780호 환자들
모두 말이 없다
숨이 멎었나

겨울비마저
제일 낮은 곳으로 떨어지면서
소리 한번 내지 않는다
부서진 몸 마음 놓고 뒤척이지도 않는다
차바퀴에 깔려 굴러가면서
그저 질척거릴 뿐이다

봄비 소리 없이 내려
엄동설한 이겨내고
부러진 나뭇가지에
연둣빛 이파리
새록새록 돋아나기를……

목련

몽실몽실 한창때라
복스럽다며
바람의 눈길 독차지하더니
밤새 어느 사내가 살살 흔들었기에
옷고름 풀고 말았나

헤픈×!
남의 서방과 눈 맞추었으면
들키지나 말 일이지
조강지처 식구들 떼로 몰려와
머리카락 쥐어뜯기었나

밤사이 온 동네 소문나
돌팔매질에 뽀얀 치맛자락이 짓이겨져
누렇게 떨어져 너덜거리네

세차장 그녀

검은 승용차 흙먼지 뒤집어쓰고
씩씩거리며 들어선다
사흘이 멀다고
바람피우고 들어온 남편
다짜고짜 고무호스 들이댄다

적반하장도 유분수지
닳은 뿔 세우고 침 튀기며
변명이 덤벼든다
불을 끄듯 호스의 물이
변명을 향해 세차게 쏜다

햇살에 이마 반짝 그리도록
검은 구두까지 닦아 또 내보낸다

그녀는 숙맥인가
조강지처는 바보 멍청이인가
쓸개 빠졌나

태선 언니

유년 어느 날 창고에 있는 작두에
내가 소 풀 들이미는 순간
친구 애자가 내 집게손가락
베어버렸을 때
피나는 손, 치마에 움켜쥐고
손 물어내라며 겁이 나 도망가는
친구 집에 쫓아갔다
급하게 빨간 물약 찾아 바르고
무명천 감아주던 언니

중학교 서무실에 공납금 내러 갔다가
난로에 교복 팔꿈치 태웠을 때도
검정 헝겊 대어 기워주며
내가 울고 싶을 때마다 해결해 준 언니

아버지 어머니 돌아가실 때까지도
모르게 감싸주던
고마운 태선 언니

지수, 나의 선생님

소꿉놀이한다
외손자 지수가
'할머니 수제비 먹어'
'그래 냠냠'
과자 접시에 흰 바둑알 받쳐 들고
내게 대접한다
제 어미와 서문시장 노점
수제빗집에 가끔 들린다더니
바둑알이 수제비로 보였나 보다
어렵기만 하던 비유법
스승이 바로 내 곁에 있었네
네 살의 외손자 지수의 바둑알은
수제비로 은유되고 있다
시 창작의 스승이 바로 내 곁에 있었네
맑은 눈을 가진 시인, 내 손자 지수

구름

잠깐 손끝에 휘감기는
비단 옷자락이었다가

잘 다듬어 빨랫줄에 널어놓은
모시 필이었다가

저녁 무렵
창포물에 머리 감고
뜰에 앉아 긴 머리 빗질하고 있는
순이었다가

소리소문없이 가버린
순이인가

석이버섯

검은 꽃잎 다듬는다

한 잎 한 잎마다
먹물 향기 묻어난다
오랜 고독이 벼랑 끝에 매달려
쌓이고 쌓여 검버섯 된 살점들
나긋나긋 부드럽게
더 진하게 도드라져 보이라고
따끈한 물에 살짝 헹군다

새 찜통에 한 김 내어
곱게 곱게 채 치어
잘 익힌 도미에 빨강 노랑 파랑 사이에
까만 석이버섯으로 몸단장시킨다

청사초롱 불 밝히며
사돈댁
교자상에 얌전히 올린다

악연

배추 시래기
무시래기
집에 없는 것은
채소 공판장에서 다 주워 엮더니

너무 촘촘하게 새끼줄로 엮어
바람 통하도록 바쁘게 뒤적여 주어도
그중 물러 누렇게 떡잎 진 것들
원망해도 비도 구름 탓도 아니라며
모든 것이 제 탓이라며
한 잎 떼어내지도 못하고

악연도 인연이라는
그 여자
오지랖 참 넓기도 하지

꽃뱀

화려한 몸치장으로 온몸 비틀어
똬리 틀면서 눈꼬리 살살 쳐

새벽안개인 척 음성 내리깔아
혓바닥으로 비가를 연주하다가

초고속으로 달려들어
하얀 송곳니 내보이다가
얼음이 되기도 하는

그녀

바탄섬

숨바꼭질이다
바닷물은 밀물에 밀려 어디 숨어버리고
바다를 지키다 놓쳐버린 키 큰 나무에서
노랗게 잘 익은 야자열매만 멀뚱멀뚱
갯벌만 바라보고 있다
한낮 휴식을 즐기며 시커멓게 드러누워 있는
갯벌
조개들이 소곤소곤 속살거리거나
주둥이를 처박고 곰곰이 생각에
젖어 있기도 한다

하마나* 하마나 섬이 지쳐있을 때쯤
썰물에 쓸려 급히 오고 있다

* 이제나 저제나의 토속어

3
까치 조문

지하철

능구렁이인가

쌩~ 찬바람 몰고 달려와 멈추는 순간
쥐들이
입속으로 빨려들어 간다
그들은 앉자마자
휴대폰으로 SOS 전문을 보낸다

뻣뻣해 소화되지 않는지
가다가 뱉어 버리고
또 가다가 뱉어 버리고
얼른 또 다른 먹이 삼키며
땅굴 속으로 사라진다

까치 조문

수성구민운동장 가는 길가
큰 느티나무 위에
까치 여남은 마리 모여
길바닥 내려보고
깍깍 깍 깍깍 깍 온몸 흔들며
울부짖고 있다

까치 한 마리
차바퀴에 깔려 납작해 있다
지나던 발걸음 멈추고
조화도 없이 갑자기
묵례 아닌 묵례 하게 됐다

까치들의 장례식이다
다디단 소고기국밥도
구수한 돼지수육도 없었다

조의금도 없는 조문이다

우포늪

봄밤이면 늪이 일어나 뭍으로 나간다

뽀얀 물안개로 잦아 올린 실 가닥에
초록빛 풀물 들여 자운영 꽃으로 수놓았네.
끓어오르는 오월을 한없이 펼쳐놓고
휘파람새와 골풀
온갖 나비와 살랑대는 바람도 수놓았네

밤새 그들과 속삭이며 뒹구느라
치마폭에 자운영 꽃물 들었네

새벽이슬 옷자락 흥건하게 적시는데
늪은 다시 우포로 들어가
늪이 되네

풀밭에서

한강 고수부지에 더러는
제 본적도 모르는 잡초들 모여
인사 나누고 있다
어디서 떠내려왔는지 서로 모른 채
노숙자 손자 보러 온 할머니
짝사랑에 잠 못 드는 이들
찌던 마음 쉬어가려고 등 비비고 있다

낯선 곳에서 잠시 방심하는 사이
몇 번 비바람과 홍수로 헐벗겨져
낮추고 낮춘 패랭이 망초 개밥풀 들
댕댕이풀 뫼꽃줄기 들에
졸린 발목 쓰다듬고 있다

객지가 그렇듯
천정부지로 뛰어오르는 아파트값
아직도 집 한 채 마련하지 못한
뿌리 약한 나무들
바삭바삭 타들어가는 마음
강물에 풀어놓고 있다

먼지와 동거

온종일 안방에서
등 비비며 잘 놀았는데
밤새 저희끼리 뭉치어 소곤거리며
히히덕거리다가
아침엔 나를 어김없이 찔러댄다

그래 왕따
뿔난 털이로 쫓아내려니
이마에 붉은 띠 두르고 우우 일어서
나를 에워싼다
배신이다
청소기로 몽땅 몰아내야지

배신을 꿈꾸다가

내 젊음 끌고 달아나는
세월 무심타 원망 않겠다
그래 늙는 게 자랑스럽다

칠십년 세월
비바람이 후려치고 꺾어도
참고 견뎌준 내가 고맙고
가슴 찡하다

아들딸 손자에게
비록 좁지만 내 자리 내줄 수 있어
떳떳하다

칠순이여!
대견하고 참 장하다

담쟁이

왜 벼랑 끝이 희망이었을까

더는 벗어날 수 없는 위기
한 발 한 발 뗄 때마다
소름 돋으며
심장이 철렁 내려앉았고
끝까지 가보자는 오기

이젠 곧 끊어질 실 한 올이라도
매달려야 할 때
담쟁이는 거미를 꿈꾸었다

벼랑에서 한 발 내딛기 위해
저렇게 움츠리고 있는가

함박눈

공중 무도회장이다
하얀 드레스들이 왈츠에 맞추어
넘실넘실 돌고 돌고 있다
샹들리에 조명과 들뜬 소근거림과
겨울바람까지
미움의 경계선 지워가며
넘실넘실 돌아간다

함박눈의 현란한 무도회장에서
유리구두 신은 신데렐라가 되어
눈빛 촉촉이 젖은 왕자님과
뜨거운 숨결 나누며 춤을 춘다

이 눈 걷히고 나면
온갖 보석으로 꾸며진 황금마차가
낡아 오래된 자동차와
때 묻은 나의 일상이
다시 질척거릴지라도

나는 이 순간 유리구두 한 짝만은
절대 놓치지 않으련다

개천

언제는 힘이 철철 넘치더니 조금씩 말라가던 도랑물이 되더니 이젠 물막이가 된 조그만 쪽길 위로 간혹 지나가는 호미 든 농부도 검은 염소 목줄 당기며 천천히 지나가는 낡은 베이지색 모자 쓴 노인도 옆 언덕바지에 있는 노란 산수유꽃도 한가득 같이 품는다. 가을엔 산수유 빨간 열매 겨울엔 발가벗고 서 있는 나무 번갈아 가며 품고 있더니 배낭 하나 달랑 메고 지나가는 나를 또 껴안는다.

얼마 전 터전을 잃었다더니 그곳 지나가는 사람마다 덫에 빠지도록 하여 한 번씩 품어본 뒤 풀어주는가. 이 나이에 같은 여자인 내 빈 껍질이라도 끌어안고 싶어하는 그녀가 안쓰러워 한참 멈춰 서서 기다려 주기로 한다. 그녀는 윤락녀인가.

비, 저희끼리

흐림,
며칠째 소문으로 꾸물대더니
빗물로 떨어지고

고수부지에서 하이파이브 했는데
아들 장가도 못 보냈는데
남편 바람피워 속끓였는데
돈 꿔줬는데 우짜꼬
한마디씩 거들던 빗방울들이
차츰 거세지며 입 모아
앞니로 깨물었다가
혀끝으로 쓰다듬었다가

빗소리 종일 듣고
한쪽 귀로 빗물로 씻고 흘려보냈는지

저승길이 좋은지
분홍 한복 입은 그녀가 활짝 웃고 있다

윷놀이판

윷이야! 모야!
노장파 소장파 편 갈라
잡아먹고 잡아먹히고 한 치 양보도 없다
혁신이니 개혁을 구실로
형님 아우 하면서
임신시켰다가 퐁당 빠뜨렸다가
발도 못 붙이게 갖가지 잔머리 굴리다가
제가 만든 함정에 빠지기도 한다

늙은 쥐 물러가라는 구호에
눈 지그시 감았던 늙은 쥐들이
뒷도야! 외치며 윷가락을 던진다
헉 뒷도네! 뒷걸음으로
출발점에서 양보하는 척
어느새 골인 지점에 먼저 와 있다
아이들 뛰어가나 어른 걸어가나

늙은 쥐가 독 뚫는다

사진관에서

폭포 물줄기 세게 솟구쳐
시간을 거꾸로 돌려
벚꽃 만발한 계절에
빨간 꽃 테 두른 바나나껍질 모자 쓰고
파란 물색 재킷 입은
세월에 때 묻지 않은
사십대의 주름 잘 펴
탱탱한 피부로 환히 웃으며
나오길 기다린다

백수시대

겨우내 움츠렸던 벚나무에
가지마다 한가득 연분홍 꿈 품고

봄나들이 나온 백수 씨
벚나무에 빨대 꽂아
분홍 비눗방울 불어 꽃피우고 있네

보글보글 한나절
햇살이 넘쳐 흘러내릴까
하나하나 다독여주네

활짝 핀 벚꽃 주식 투자해
불어난 이익금인 양
몽글몽글 살갑게 한 멍석 펼쳐 이고
증권회사 앞마당에서 활짝 웃고 있네
웃고나 보네

금강산을 오르며

나무가 적고 바위가 많아
성깔이 꽤나 있어 보였는데
다행히 나무 하나 풀 한 포기들도
방긋방긋 손 흔든다

비봉폭포가 넓은 가슴 펼치고

아홉 마리 용 품고 살았다는
구룡폭포에서 흘러내리는 소
그 속에 몽글몽글 천년을 구르면
모난 곳 깎이고 물들여져
비췻빛 구슬 되어
깊지도 않고 얕지도 않는
연주 소에 곱게 담기려나

공항 검색대

바람은 탱자나무 울타리에
가시에 찔리면서도
배실거리며 지나가는데

내 시는
무딘 쇳조각 어디 숨어 있길래
쉬 통과하지 못하는지

정박

구름마저 뭉그적거리는 늦은 아침
감포항에 누른 쇳물 혼자 뒤집어쓴
겉늙은 주름투성이 배 한 척
굵은 밧줄로 발목 묶여있고 그 주변을
갈매기들만 어지러이 빙빙 돌고 있다

도시에 나가 실직한 지 오래되어
배고프면 언제든지 어미 품으로 돌아오라는
생시의 말씀 잊지 않았던 김 씨
마음 다지고 아내와 꽃게잡이 나갔지만
그물엔 헛바람만 걸려들었다

그래도 바다로 가야 할지 망설이는데
가만히 있으면 녹스는 일뿐이라며
어머니 철썩철썩
엉덩이 시퍼렇게 매질해댄다

4
박제된 울음

가시연꽃

세상 죄 다 짊어지고
진흙 뻘에서
썩어가는 것들 정화시키려
고행하는
가시면류관 속
예수

붉은 선혈이 낭자하다

박

지붕 위에 악다구니로 앉아
따가운 햇볕을 오기로 버티며
배만 내밀며 배짱을 부풀리고 있다

시집가는 첫날
시댁 대문 앞에 놓여
액을 밟아 깨는 바가지가 되려나

제 발등 제가 찍으려나……

봄

사랑이
개나리 복사꽃 보랏빛 라일락꽃
꽃다발 번갈아 가며 찾아온다

해마다 이맘때면
그는 늘 처음처럼
붉은데

왜
난 그 자리 그대로
기다리지 못하고
자꾸 하얘만 지는지

단풍

갱년기다

하루 몇 번씩
담금질을 당하고 있다
붉으락푸르락 엇갈린 생각들이
온몸을 또 다른 생각들 속
우울증이 검버섯으로 찍힌다
아프게 떨어뜨리려는 시간과
눈치 못 챈 단풍나무는
바람의 속임수에 휘휘 돌아
휘청휘청
그네를 타고 있다

은행나무

초록이 얼결에 삼켜버린 뜨거운 해
얼른 뱉어버리지 못하고
목구멍에 걸려
새파랗게 질린 얼굴로 바둥거리며
씁쓰레하고 떫고 쓴 날들이 푹 익어
물러질 때까지 가슴 치며 견디어
누렇게 쏟아낸다

아파트

등산로 길목 썩은 떡갈나무 둥치가
곰벌레들 아파트다
세대 수를 늘리려고 구멍을 많이 낸
보기 드문 최신 원형이다
그들도 추첨했을까
고층과 저층이 뚜렷하다

툭툭 치며 지나가는 등산객들 발소리가
시끄러웠나 호기심 많은 사람들이
문틀을 찢어 들여다보고 괴롭혔나

곰벌레들 한 세대가 잠시 살고 간 흔적이다
미물들도 몸 담아 쉬어갈 수 있는 곳
안지랑 골짜기 아파트

설경

눈 구경하려고 수도산에
다투어 올라간
발자국들 반질반질하다
날카로운 눈빛 하얗게 얼어붙어
얼굴 들지 못하게 한다
잠시 방심하면 넘어뜨릴 자세다

평소엔 조용히 얘기 잘 들어주던
개나리 담장들도
눈 뭉치 한 움큼씩 쥐고
던지려 한다

높이 올라가 겨우 얼굴 들려는 순간
밤새 벼르고 있었는지 소나무가
흰 눈덩이 확 던진다
식은땀이 온몸 적신다

깨끗하다는 것, 쌀쌀하다
아름다움에 닿는 것, 살벌하다

가을을 굽다

시간을 굽는다
봄 여름 잘 부풀어지도록
반죽해 두었다가
단풍나무와 은행나무 잎들 그동안
뜨겁게 달구어진 태양의 적외선 속에 넣고
빨간 아기 손바닥
팔랑 팔랑 날아다니는 노란 나비로
노릇노릇 잘 구워내고 있다
구수한 냄새에 바람이 우르르 몰려들며
나뭇가지 살살 간질이며
손 내민다

선운사 동백꽃

나를
통째로
내던지는
저

무심無心

빈 들판

한때 뜨겁게 출렁이던 웃음 안고
어디로 가신지 알고 싶어
친정 대문 들어서는데
어머니 어디 가시고
지천에 잡초들만 비 맞고 주저앉아
삼베 필로 펼쳐 놓았네

황망하네

바람과 은행

늦가을 은행알들이
오물오물 물고 늘어지는 젖꼭지
뿌리치지 못해 아픔을 참고
온몸 부르르 떨고 있는 어미

어미 기 빠진다!
다그치는 바람의 호통이 무서워
젖꼭지에 바른 쓰디쓴 노란 금계란 약 맛이
모자간 정 떼고 있나 보다

툭, 툭, 투두둑

수련

운흥사 작은 연못 한쪽에
수련이 뺨을 팽팽하게 불리고 있다
언젠가 한 번은 있어야 할
순간을 위해

입안 가득히 품고 풍겨낼
향기
분수처럼 뿜어낼 것 같아
운흥사 대웅전 귀에 매달린 풍경이
종일 바라보고 있다

노을 1

새벽 속옷 고쟁이에서
피가 솟아오른다
파도가 피범벅이 된 채 요동친다
산통 끝에 알을 낳았다

잠시 후 희뿌연 부기 오른 얼굴로
부화시켜 보려고
온종일
따뜻하게 품어보지만
실핏줄로 엉킨 깨어나지 못하는 무정란

발만 동동 굴리다가
서해 바다에 벌겋게 쏟아버린다

노을 2

어둠 살 끼일 무렵

온종일 심심해하던
장난꾸러기 산봉우리들이
쉬 보고 난 뒤 다 같이
엉덩이 곤지 들고 엎드려
서로 거시기 쳐다보고 깔깔거리니

다 넘어가던 해
'에이 고놈들'
'참'
껄 껄 껄

영주, 시월

부석사 무량수전
배흘림기둥 안고
내려다보니
소백산이 파도친다

단풍이 익고
사과가 익고
햅쌀로 지은 밥이 익고
소수서원에 유생들 글소리 익어
담장 넘어 개울물
달콤한 향기로 흘러가고
나는 덩달아 가을이네

박제된 울음

–소 박물관

낡아 허물어진 흙벽 틈새로
달빛 들어가 비스듬히 벗어놓은
땀에 전 멍에 위에 주저앉는다
소금기 허옇게 얼룩져 있다
아픈 흔적
삐걱거리던 달구지 소리를 부려놓고
등짐 무게만큼 부어오른
발목을 털썩 던져두고 누웠다

돌아앉은 여물통에
되새김질의 박제된 울음
촉촉이 젖어든다

잣나무

숲속
바람의 가시가 나무의
목덜미를 찔러댈 때마다
살며 사랑하며
아픔을 참고 참느라
우우우우
몸서리치다
어느 날 자신도 모르게
잎이 더 뾰족해졌나 보다
그 뾰족한 가시로 속마음을 은폐해두고
스스로 몸 찢어
살빛 쌉쌀한 향기 품었나 보다

나무와 나무 사이
울렁거리는 바람의 파도 때문에
제 향기를 나무는 알 수 없다

제 울음의 향기가
언제부터 숲을 지키게 되었는지
정작 잣나무는 모른다

해설

전통적 가치관의 다채로운 표출과 죽음을 응시하는 존재론적 현상학

안윤하

해설

전통적 가치관의 다채로운 표출과 죽음을 응시하는 존재론적 현상학

안 윤 하 | 시인

1. 들어가며

정경자 시인은 격동의 시대를 관통하면서 긁히고 찢긴 상처를 포용의 자세로 관용한다. 그리고 전통에 기반한 도덕적 가치 판단으로 인간애를 표현하고 있다. 시의 화자는 사물을 원근법적인 시각으로 자연 소재를 객관적으로 관찰하며 사회 상황과 시대적 가치관과 도덕적 개념을 내면에서 숙성시킨 후 대입법을 통해 자아를 분출하고 있다. 시대가 갖는 통념 속에 삶에 대한 자신만의 사랑을 일정한 보폭을 견지하며 자아를 자연과 타아들을 융합하면서 가치관을 피력하고 있다.

첫 시집인 『수수껍질』에서 어린 시절 고향 사람들과

의 생활과 경험, 자연을 사실적이고 서정적으로 표현했다면, 두 번째 시집을 상재하면서 소재를 확장하고 시간의 단계적 다층면을 제시하여 사회적 인식의 깊이를 더하고 있다.

2. 역사적 관점에서 찾는 서정적 감동

시인은 일제강점기 말기에 태어나 해방된 혼란한 시기에 유아기를 보냈고 육이오전쟁 이후 가난이라는 국가적 난제와 척박한 사회와 주변 사람들의 절박함을 피부로 절감하며 유년 시절과 성장기를 보냈다. 그러므로 시인에게 있어서 유년의 무의식에 자리 잡고 있는 어머니의 생활상은 세월이 지나면서 서서히 잊히고 있으므로 기록되어야 할 역사의 한 페이지가 되고 있다. 시인은 자신이 겪은 시대적 아픔을 통절한 심정을 바라보며 타아他我에 이입하여 서정적으로 표현하고 있다.

하얀 사기 기름접시
심지 돋우어
바느질하시려고
등잔불 붙이시는가
어머니

—「춘란」 전문

어린 시절, 전기가 없던 시절 낮이면 농사일에 허리가 휘던 어머니가 희미하고 침침한 호롱불을 켜두고 자식들의 머리맡에서 양말이나 옷들을 꿰매던 모습을 춘란에 정갈하게 감정 이입하고 있다.

아들아!
아들아!
목놓아 부른다
전쟁에 나가서 돌아오지 않는 아들아!

〈중략〉

봄이면
피를 토한다
어무이!
나 여기 있소

어무이!

—「진달래꽃」 일부

전쟁에서 외아들을 잃은 어느 어머니가 인생을 마감할 때까지 체념할 수 없는 상실감과 그리움으로 삶을 관통하며 처절하게 흘리는 피눈물을 진달래꽃에 은유하였다. 또한 죽어서도 놓을 수 없는 사모의 정과 어미에 대한 간절한 염려를 담아 산천을 헤매며 어미의 영혼을 위로하려는 아들의 소리 없는 외침으로 피어나는 진달래의 붉디붉은 한을 진달래 산천으로 묘사하였다. 전후 70여 년이 지나면서 진달래만큼 많았던 전쟁의 아픈 당사자들이나 생존자들이 사라져가고 공감의 영역도 줄어들고 있지만 이 시는 역사적 기록으로 가슴 울리는 시로 성공하였다.

전나무 숲 외길 끝에
일주문 세워두고
늙은 보리수나무 위에
은장도 걸어두고

혼례 치른 지 삼일 만에
전쟁에게 빼앗긴 신랑
전사 통지서에 순장 당하는
새댁

새댁의 번뇌로
긴긴밤 해당화 꽃살문 새기는데
분단장도 지우게 했는가

애초부터 고운 단층은

꿈도 못 꾸게 했는가

—「내소사 단층」 전문

전쟁으로 인한 이 나라의 불행은 내소사 단층에서도 볼 수 있다. 혼례 치른 지 삼일 만에 신랑이 전쟁에서 전사하여 평생 청상과부가 되었다. 1950년 전후 세대의 여자는 관습적 도의로 재혼은 물론, 분단장도 지탄을 받던 시절이었다. 청상과부의 삶을 단청하지 않는 내소사에 비유하여 아픔을 공감하고 있다.

접힌 날개

뛰어내리기만 하면
바람 타고 높이 날아올라
고층빌딩의 탁자 위에
사뿐히 내려앉을 수 있을 거야

아래로 곤두박질이다
착각의 일백 번 공회전으로
귀밑 멀미약도 소용없이
동공이 확장되고 토악질하다
한꺼번에 내리꽂힌다

거듭 실패한 이력서를 들고
도서관에 앉아 비행기를 접는다
한 번은 꼭 날아보려고
층층 계단을 오르고 있다

—「종이비행기」 전문

화자는 급속한 경제성장기를 지나 21세기 들면서 높은 실업률에 따른 젊은 세대의 현실적 아픔을 객관적으로 관찰하고 그 통증을 통감하며 취업의 소망을 바라보고 있다. 이력서로 접은 비행기가 높이 날아오르기를 바라며 공기의 흐름을 이용하여 회사가 있는 '고층빌딩으로 날려 보낸다.' '접힌 날개'의 태생 탓에, 안타깝게도 '몸째로 곤두박질친다.' 날개는 펴지지 않고 제자리걸음하는 현실에 끊임없이 도전하는 젊은이들이 곤두박질치는 삶의 무게가 무겁다. 반드시 취업하여 하늘로 마음껏 날아보기 위해 도서관에서 실력을 쌓으며 계단을 끊임없이 오르고 있는 이 시대 청년의 모습을 바라보며 애절한 희망 접기와 자유의지의 축적을 응원하고 있다.

능구렁이인가

찬바람 몰고 달려와 멈추는 순간

쥐들이
입속으로 빨려 들어간다
그들은 앉자마자
휴대폰으로 SOS 전문을 보낸다

〈후략〉

—「지하철」 일부

시인의 생활 터전인 대구 지역도 지하철의 시대다. 지하 세계로 지하철을 이용하는 사람들을 '능구렁이'와 '생쥐'로 상상하며 들락날락하는 모습과 그 능구렁이에 타서 휴대폰에만 집중하는 개인주의적인 현시대의 생활 양상을 회화적으로 그리고 있다.

꽃샘바람이 분다
심기 불편하던 날
아파트 효성타운이 상동교 아래
물속으로 뛰어들어 거꾸로 선다
열려있던 창문들이 숨통이 트이는지
아가미가 벌렁 벌렁거린다
불빛 심하게 흔들리고
집집마다 짊어진 수백 가지 근심들이
신천으로 흘러간다

〈후략〉

—「거꾸로 선다」의 일부

꽃샘바람이 부는 심기 불편한 날 상동교에 서서 신천을 내려다본다. 화자는 효성타운이 거꾸로 서 있고 창문이 물에 잠겨 물이 드나들며 아가미 벌렁거리는 듯, 숨을 쉬고 있다고 상상한다. 도시의 찬란한 불빛과 차량들의 전조등이 번쩍이며 신천의 물에 근심이 씻겨 내려가는 치유를 느낀다. 복잡한 세태에 생각이 많을 때 신천변 다리 아래에 거꾸로 서 있는 자신을 바라보면서 힐링되며 신천으로 흘러가는 세상을 관조한다.

시인이 산 시대는 전기도 없고 끼니를 때워 생명을 이어가는 것이 최고의 선이었던 시대를 지나 땅속의 길도 분주하며 높은 아파트들과 심기 불편한 찬란한 불빛들 속에 녹록지 않은 시대를 살아라는 현재의 삶을 리얼하게 표출해내고 있다. 시로 시간의 변화에 따른 상황을 기록함은 사회문화적 측면에서 시인이 수행해야 할 채무가 될 것이다.

3. 전통적 정서와 도덕적 잣대를 엿보다

정경자 시인의 삶에 대한 가치 기준은 몸에 밴 전통

적인 정서에서 유래하는 언어에서 찾을 수 있다. 전통적 속담과 집단 교육의 관념으로 사물을 온건하게 바라본다. 그리고 자연에서 체득된 가치관과 사람들과의 유대 관계에서 축적된 도덕적 잣대로 자연과 인간 본연의 행동을 성찰한다.

〈전략〉

늙은 쥐 물러가라는 구호에
눈 지그시 감았던 늙은 쥐들이
뒷도야! 외치며 윷가락을 던진다
헉 뒷도네! 뒷걸음으로
출발점에서 양보하는 척
어느새 골인 지점에 먼저 와 있다
아이들 뛰어가나 어른 걸어가나

늙은 쥐가 독 뚫는다

—「윷놀이 판」 일부

노장과 소장으로 편을 나누어 전통놀이인 윷놀이를 한다. 늙은 쥐가 독 뚫는다는 속담에 유의한다. 힘없고 느리지만 살아온 연륜의 힘과 인내로 불가능한 세상을 바꿀 수 있다는 것으로 전통놀이 속에 녹아있는 교훈을 일깨우고 있다. 시인은 언어학이나 고어사전에서 찾을 만한 언어를 되살리고 있다. 한복의 아래 속옷을 가리키는 '고쟁이'라든지, '오마조마'라는 단어들은 이제 거의 사용치 않는 언어이다

낡아 허물어진 흙벽 틈새로
달빛 들어가 비스듬히 벗어놓은
땀에 전 멍에 위에 주저앉는다
소금기 허옇게 얼룩져 있다
아픈 흔적
삐걱거리던 달구지 소리를 부려놓고
등짐 무게만큼 부어오른
발목을 털썩 던져두고 누웠다

돌아앉은 여물통에
되새김질의 박제된 울음
촉촉이 젖어든다

—「박제된 울음」 전문

소 박물관에서 화자는 농경시대를 살아온 소 우리를 기억한다. '낡고 허물어진 흙벽', 그 틈새로 드러나는 낮 동안 노동의 흔적인 '멍에에 얼룩진 소금기의 허연 아픔'을 본다. '삐걱거렸던 달구지의 등짐'에 배겨 벗겨진 살갗의 쓰라림과 '부어오른 발목'을 기억한다.

오래전 고향의 소 '여물통도 멀리하고 마지막 울음을 울던' 소를 박제된 추억을 되새김하며 눈물 젖는 시인은 자연에 회귀하며 전통적 서정을 따뜻한 시각으로 바라보는 감동의 메시지를 담고 있다.

시집가는 첫날
시집 대문 앞에 놓여
액을 밟아 깨는 바가지가 되려나

—「박」 일부

액땜한다고 시집가는 첫날 대문을 들어갈 때 바가지를 깨는 풍습은 현재도 아파트 현관문에서도 널리 실행되고 있다. 아직도 많이 남아 있는 풍습이다.

검은 꽃잎 다듬는다

한 잎 한 잎마다
먹물 향기 묻어난다
오랜 고독이 벼랑 끝에 매달려
쌓이고 쌓여 검버섯 된 살점들
나긋나긋 부드럽게
더 진하게 도드라져 보이라고
따끈한 물에 살짝 헹군다

새 찜통에 한 김 내어
곱게 곱게 채 치어
잘 익힌 도미에 빨강 노랑 파랑 사이에
까만 석이버섯으로 몸단장 시킨다

청사초롱 불 밝히며
사돈댁
교자상에 얌전히 올린다

—「석이버섯」 전문

전통적 서정과 관습적 도덕의 잣대로 타자를 바라본다. 오랜 시간 혼자서 키운 딸을 시집보내는 홀아비는 깊은 숲속 벼랑의 바위에 메마르게 매달려 자란 「석이버섯」을, 자신의 얼굴에 고독하게 자리 잡은 검버섯으로 은유한다. 이바지 음식의 도미 고명으로 곱게 단장하여 사돈댁 교자상에 얌전히 올린다.

급변하는 현대의 결혼 풍습에서 아직 보수적인 집안에서는 대행업체에서 음식을 해주기도 하지만, 간편 혼례 혹은 작은 결혼식의 경향에 밀려 거의 생략되는 절차 중의 하나가 이바지 음식이다. 이바지 음식의 정성과 고명딸의 시집살이에 대한 염려와 홀아비 자신의 고독한 삶을 검버섯에 함축시켰다.

화자는 타자의 내면의 사랑과 고독을 명징하게 표현하여 설득력을 얻고 있다.

> 순이와 속이 찢어지도록 싸웠다, 한번 찢어진 상처는 꿰매려 해도 자국을 남긴다 긴 시간이 지나가야 부드러워져 달고 약이 된다기에 변했던 된장도 옛 맛 돌이켜보려고 푹 삶은 콩 부드럽게 짓이겨 꼭꼭 눌러 다져보지만 한번 등 돌린 정은 처음처럼 돌아오지 않는다 날이 갈수록 더 섭섭하기만 하다 다시 다정스럽던 옛 얼굴 떠올리며 노랗던 된장 속에 들어가 햇살과 바람의 얘기에 귀 기울여본다
>
> —「상처를 꿰매다」 전문

시인의 상처를 치유하는 방식은 전통적 서정을 통해 화해하고 소박하며 평범한 평정을 유지한다. 상처를 꿰매도 자국은 남고 변질한 된장도 옛 맛을 돌려보려고 온갖 방법을 써서 꼭꼭 다져보지만 처음 된장 맛을 돌릴 수 없고 섭섭하기만 하다. 그러나 시간이 지나고 옛정이 그리워 그 옛날 친구의 마음속에 들어가 자연스럽게 햇살과 바람의 얘기에 귀 기울이며 심금을 울린다.

명퇴한 김 씨의 노름으로 인한 몰락 「물의 여행」이나 예쁘고 삼당 맞은 아내가 의처증의 폐해로 남편을 피해

숨어 살고 있는 안타까움을 농익은 향기 「치자꽃」에 감정이입하여 애가 탄다. 돌나물 화분에 개신냉이가 들어와 기세등등한 꼴을 동장님댁 작은댁이 생글거리는 것으로 비아냥거린다.

「그것이 실수였다」, 잘난 남편 두고도 다른 남자와 바람피우는 여자를 담 넘어 피는 「나팔꽃」으로 은유하여 나무란다. 그리고 유부남과 불륜을 저지른 여자를 헤프다고 지탄하며 「목련」이 머리카락 뜯겨 땅에 떨군 것으로 벌을 받았다고 짐짓 꾸짖는다.

「세차장 그녀」의 남편은 바람둥이로 아내가 세차를 하며 고생하는데도 도와주기는커녕 '검은 구두'까지 닦아 멋부리며 나가는 것이 화자는 얄밉다. 조강지처가 쓸개 빠져 보여 더욱 속상하다.

「꽃뱀」은 '음성 착 내리깔아/혓바닥으로 비가를 연주하다가//초고속으로 달려들어/하얀 송곳니 내보이다가/얼음이 되기도 하는' 모양새를 비난하기도 한다.

호랑나비 한 마리
시들어가는 가을 풀잎을 잡고
온몸 파르르 떨고 있다

봄만 되면 처자식 버려두고

팔랑팔랑 거리 귀신 되어
이 꽃 저 꽃 찾아 날아다니더니
역마살 낀 아제의 임종 직전이다

〈후략〉

—「호랑나비」 일부

평생 처자식을 버려두고 바람피우며 역마살 낀 아제의 객사하는 장면을 호랑나비의 화려한 날개의 문양과 죽어가는 모습으로 대비하여 애처롭기보다는 오히려 권선징악의 예시로 묘사하고 있다.

시인이 성장기와 청춘의 시기를 관통하며 유대를 맺어온 사람들과 심저에 흐르는 정으로 맺은 연결고리와 그 시기에 형성된 매우 탄탄한 인간애가 인간관계의 도덕적 판단의 잣대로 동질성을 갖는다고 추정해 볼 수 있다. 그 도덕성에 기반하여 권선징악을 표면에 내세우고 있다.

4. 삶과 죽음을 응시하는 존재론적 운명에 대한 긍정과 순응

시인은 지나온 삶을 현재에 투영하여 앞으로 다가올

죽음을 응시하고 있다. 실존적 삶의 존재론을 화두로 침잠하며 깊은 사색을 한다. 정경자 시인의 삶을 바라보는 시선은 치열하다. 삶의 카테고리에 스스로를 가두고 제자리걸음을 하며 사유한다.

왜 벼랑 끝이 희망이었을까

더는 벗어날 수 없는 위기
한 발 한 발 뗄 때마다
소름 돋으며
심장이 철렁 내려앉았고
끝까지 가보자는 오기

이젠 곧 끊어질 실 한 올이라도
매달려야 할 때
담쟁이는 거미를 꿈꾸었다

벼랑에서 한 발 내딛기 위해
저렇게 움츠리고 있는가

—「담쟁이」 전문

삶은 벼랑 끝이고 희망으로 기어오르는 것이 삶의 여정이다. 인내와 극복 의지를 동기화하여 오기와 희망을 꿈꾸며 실 한 올에라도 매달려 벼랑을 기어오르려고 벼랑을 움켜잡으며 삶의 의지를 다지고 있다.

담쟁이는 벽을 타고 기어오르는 운명으로 인해 소름 돋으며 심장이 철렁 내려앉아 한 발자국도 뗄 수 없을 때 오기를 발동하며 끝까지 생을 지킨다고 화자는 삶을 정의한다.

수갑이다
스스로 채운

아침 6시에 깨어나
알람의 주문대로 하루 일과를 시작한다
시시각각 초침의 다그침에 눈치 살피는
충실한 종이 되어 있다

삼백육십도 쳇바퀴 돌리느라
분침은 부지런하게 잰걸음 치지만
긴 세월 동안 관절 연골이 마모되어
시침처럼 연자방아 돌리듯 느려진다

끝내 가쁜 내 숨결도
어느 날 멈춰지고 말면
시계도 나의 범주에서 벗어나고

나도 그의 쳇바퀴에서 벗어나
훨훨 날 수 있겠지

—「손목시계」 전문

손목시계를 수갑으로 은유한다. 수갑에 묶인 것은 화자의 일상생활이고 시계의 알람대로 쳇바퀴를 돌고 긴 세월에 시간도 느려지면 시계에서 벗어나 육신을 벗고 훨훨 날아갈 수 있으리라 사유한다. 시간의 고리를 끊는 것이 죽음이라고 인식하며 죽음을 긍정하고 삶에 대한 모티브를 표출하며 순응하는 의지를 표출한다.

폭포 물줄기 세게 솟구쳐
시간을 거꾸로 돌려
벚꽃 만발한 계절에
빨간 꽃 테 두른 바나나껍질 모자 쓰고
파란 물색 재킷 입은
세월에 때 묻지 않은
사십대의 주름 잘 펴
탱탱한 피부로 환히 웃으며
나오길 기다린다

—「사진관에서」 전문

다시 화자는 사진관의 빛 반사판을 폭포처럼 돌려 시간을 거꾸로 재생하여 사십대 자신의 모습으로 되돌아가고 싶은 열쩍은 소망을 펴본다. 생의 미련이라기보다 생기 넘치는 삶의 극복 의지이며 인생의 본질에 대한 응시와 천착이다.

> 모처럼 오는 아들에게
> 아저씨 누구시오
> 중절모 쓴 우리 애들 아버지에게
> 날 데려다 주시오
>
> 살아갈수록 소나무껍질 갈라진 속을
> 가만히 앉아서 꿰맬 수도 없어
> 아예 남편 찾아 삼만리길 나서기로
> 마음먹었나 보다
>
> —「아저씨 누구시오」 일부

인촌댁이 치매가 걸려 남편의 배신에도 그리움과 사랑의 미련이 혼재한 상태로 죽음에 이르는데 죽음에 대한 애처로운 긍정을 통해 자신의 삶에 대한 극복의 모티브를 마련하고 생사의 철학적 근거를 전개한다.

빗소리 종일 듣고
한쪽 귀를 빗물로 씻고 흘려보냈는지

저승길이 좋은지
분홍 한복 입은 그녀가 활짝 웃고 있다

—「비, 저희끼리」 일부

친구의 장례식장 풍경을 리얼하게 묘사하고 있다. 조문객들이 앉아 저마다 안타까운 말들을 늘어놓지만 정작 영정사진 속 친구는 분홍 한복을 입고 활짝 웃으며 저승길을 가고 있음을 역설적으로 묘사하고 있다.

여기서도 화자는 객관적인 화법으로 타자인 것처럼 전개하지만 타자의 속마음을 꿰뚫 듯 시선을 가볍게 던지며 생성과 소멸을 담담하게 기술한다.

까치 한 마리
차바퀴에 깔려 납작해 있다
지나던 발걸음 멈추고
조화도 없이 갑자기
묵례 아닌 묵례 하게 됐다

까치들의 장례식이다
다디단 소고기국밥도

구수한 돼지수육도 없었다

조의금도 없는 조문이다

—「까치 조문」 일부

소재가 새의 장례식인 것이다. 여기서 화자는 '묵례하고' 의인화하고 '조의금도 없다'고 하며 이별과 죽음에 대한 훨씬 가벼운 시선과 해학적 견지를 보이고 있다. 그만큼 시인은 생명을 사랑하고 생성과 소멸에 대해 운명으로 포용하고 있다.

'정형외과 병실의 환자들이 부서진 몸 마음 놓고 뒤척이지도 않는다' 그들이 죽음 앞에 당당히 견뎌 '연둣빛 이파리 돋 듯' 「봄비처럼」 돋아나기를 기도하기도 하고, 적막 속에서 '손바닥만 한 별들이/머리 가까이 내려와/저마다 동아줄 내려준다/어느 별로 갈까/고민 중이다'라고 「하늘 산방에서」에서 죽음을 선택의 영역으로 동화의 한 장면처럼 순수하게 그려 회화적으로 표현하였다.

5. 나가며

숲속

바람의 가시가 나무의
목덜미를 찔러댈 때마다
살며 사랑하며
아픔을 참고 참느라
우우우우
몸서리치다
어느 날 자신도 모르게
잎이 더 뾰족해졌나보다
그 뾰족한 가시로 속마음을 은폐해두고
스스로 몸 찢어
살빛 쌉쌀한 향기 품었나 보다

나무와 나무 사이
울렁거리는 바람의 파도 때문에
제 향기를 나무는 알 수 없다

제 울음의 향기가
언제부터 숲을 지키게 되었는지
정작 잣나무는 모른다

—「잣나무」 전문

'바람의 가시가 나무의 목덜미를 찔러댈 때마다 우우 우우 몸서리치다가 잎이 더 뾰족해졌나 보다'라고 화자는 이 시에서 삶의 현실을 제시하고 있다. 그 현실에 부딪혀 살다보면 자기 자신이 가시가 되고 제 가시가 다시 자신을 찔러 향기를 내고 숲을 지킨다. 화자는 잣나무를 깊게 바라보며 잣 향기를 내며 인과응보로 연결되는 은유의 숲을 거닌다. 죽음을 긍정적으로 포용한 시인의 사색하는 삶을 긴 호흡으로 표출해내고 있다.

인용한 시와 같이 정경자 시인은 사물을 꿰뚫어보고 관찰하며 자아를 투영하는 방식의 개성적인 시 작법을 갖고 있다.

이 시집에서 보듯 주변 사물을 통해 주변 사람들을 아끼고 사랑하며 지나온 현실에 대입한 삶을 집요하게 성찰하여 실존적 삶의 모습에 대한 가치관을 확보하고 있다. 이어서 보편적 삶의 확장과 심층적 운명성을 관조하여 긍정적 존재의 순응을 기대한다.